. 465 .

NAPOLÉON ET TALMA

AUX

Champs Elysées.

L'Editeur a jugé convenable d'adopter le format in-32, afin que les lecteurs trouvent la faculté d'intercaler cet ouvrage dans la reliure de la Biographie théâtrale.

NAPOLÉON
ET TALMA

aux

Champs élysées.

DIALOGUE A LA MANIÈRE DES ANCIENS,

Precedé d'une Notice historique sur la Vie, la Maladie,
les Derniers momens, les Funerailles et Discours
prononces sur la tombe de ce grand Tragedien

Par C.-F. Bertu.

PARIS.

CHEZ LES MARCHANDS DE NOUVEAUTÉS,

AU PALAIS-ROYAL

1826.

NOTICE

HISTORIQUE.

TALMA (François-Joseph) est né à Paris en 1760. Il habita cette ville jusqu'à neuf ans. On aura peine à croire que dans un âge aussi peu avancé, la main du biographe ait à écrire sur ses tablettes relativement à ce jeune enfant. L'homme à venir se décèle dans les premiers jours de la vie. Talma placé dans un pensionnat, n'avait pas encore atteint son deuxième lustre, que l'on lui trouva tant de dispositions, tant de jugement, tant de bon sens que l'on jugea à propos de lui confier un rôle dans une de ces tragédies de collége, qui précèdent ordinairement la distribution des prix. Chargé d'un rôle de confident, nouveau Théramène il vient dans un récit pathétique annoncer à *Tamerlan*, héros principal de la tragédie représentée, la mort de son ami; le jeune acteur était si pénétré du triste événement dont il venait porter la nouvelle, qu'il débita sa longue tirade tout inondé de véritables larmes. Son récit terminait la pièce; on baisse la toile, et chacun pense à se retirer. Cependant les personnes qui avaient soin du jeune Talma, impatientes de l'encourager et de l'embrasser, le cherchent, le demandent, et le trouvent enfin. Assis sur un banc, derrière une coulisse, enveloppé dans son manteau tragique, notre jeune confident pleurait encore ; il demandait aux dieux l'ami de *Tamerlan*. L'impression que lui causa la situation où l'avait jeté son rôle, fut si profonde, qu'il s'ensuivit une indisposition très-grave qui le retint au lit pendant plusieurs jours.

Après son entier rétablissement, son père, qui habitait alors la capitale de l'Angleterre, le fit venir auprès de lui et l'y retint jusqu'à son entrée dans le monde. Ce fut à cette époque que son goût pour le théâtre se manifesta de la manière la plus résolue. Pendant son séjour à Londres, admirateur passionné des beaux talens de Kemble et de lady Siddons, il aspirait à devenir leur égal, et c'est après avoir obtenu un ordre de début, en 1787, qu'il s'élança dans leur carrière sur notre théâtre national. *Séïde* fut le premier rôle qu'il y joua avec un succès brillant. Il n'avait alors qu'une complexion de *jeune premier*, et le public, admirateur de Lekain, ne voyait pas encore dans cet acteur celui qui devait éclipser la gloire de ce grand tragédien; les femmes disaient de lui : *C'est un joli acteur ;* et personne ne lui avait encore donné l'épithète de grand. Arrêté par la force, si souvent injuste, des règlemens, Talma aurait long-temps langui dans les emplois subalternes, si une circonstance particulière ne l'eût placé sous un jour plus favorable au développement de ses talens, et n'eût opéré, grâce à sa hardiesse et à son goût, une révolution salutaire dans le domaine de Melpomène.

Jusqu'à ce moment, le consul et le patrice romains n'avaient eu d'autres vêtemens que ceux qui couvraient les héros d'Homère et de Virgile, et Brutus haranguait le Sénat avec l'habit que portaient Oreste ou Achille. Cette inconvenance de costume blessa le goût de Talma, et à une représentation de *Brutus,* il voulut tenter une salutaire innovation. Il représentait le

rôle de Proculus dans cette tragédie, et, fidèle à l'habillement ro-
main dont la connaissance des mé-
dailles lui avait dévoilé les secrets, il s'avança sur la scène, enveloppé d'une grande robe blanche.
Les spectateurs, satisfaits de cette
fidélité de costume, l'accueillirent
par quatre ou cinq salves d'applau-
dissemens, et le dédommagèrent
ainsi de tous les sarcasmes dont
avaient abreuvé l'innovateur, ses
camarades, opiniâtres défenseurs
de la routine.

C'est ici le moment de placer
un mot que lui lança une actrice
qui le voyant paraître vêtu avec la
régularité la plus sévère, et drapé
à l'antique : *Ah! qu'il est ridicule !*
s'écria -t -elle avec affectation,

il a l'air d'une statue antique. Cette belle frondeuse ne croyait pas sans doute faire son plus bel éloge. Vainement, par la douceur de son caractère, par les procédés les plus nobles et les plus loyaux, Talma chercha-t-il à se concilier l'estime de ses camarades, auxquels ses succès portaient de jour en jour plus d'ombrage ; il y avait trois ans qu'ils l'abreuvaient de tous les dégoûts d'une basse jalousie, lorsque le *Charles IX* de Chénier lui procura un triomphe éclatant qui décida de son avenir. Nous ne parlerons pas ici du succès qu'il obtint dans le rôle important de Charles IX ; nous rappellerons seulement que ce fut dès ce moment que date le démembrement de la scène française, et l'ouverture d'un théâtre rival dans la rue de Richelieu.

La première tragédie qui fut représentée sur cette nouvelle scène fut Henri VIII, et tous les critiques de l'époque s'accordent à dire que sans le talent qu'y déploya Talma, la pièce aurait succombé sous l'effort d'une cabale des plus puissantes : dès ce moment il fut chargé des premiers rôles tragiques : les habitués du théâtre se rappellent avec quelle supériorité il joua successivement les rôles du *Cid*, de *Jean-sans-Terre*, de *Calas*, de *Monval*, de *Neron*, de *Pharan*, d'*Égisthe* et d'*Othello*. Un soir, c'était à la troisième représentation de cette dernière tragédie, un instant avant de paraître sur la scène, il se promenait derrière la toile du fond : *La tuerai-je?* se disait-il à lui-même, *Oui, je dois la tuer* ; et apercevant tout-à-coup Ducis, il lui dit : *En vain le public trouve le denouement trop terrible, je dois la tuer.* En effet, il tua Desdémona, et dès ce moment le dénouement d'Othello a été tel qu'à la première représentation.

L'envie qui l'avait environné depuis son entrée au théâtre se couvrant du faux zèle de l'opinion, vint encore lui faire éprouver des tribulations ; il avait eu quelques liaisons avec les députés Vergniaud, Ducos, Guadet et Gensonné. On profita de la terrible réaction du 9 thermidor pour soulever contre lui la haine des partis, et il fut apostrophé dans la tragédie d'*Épicharis ;* sa réponse fut aussi courte que pathétique : *Citoyens*, s'écria-t-il, en s'avançant vers le public, *Citoyens, tous mes amis sont morts sur l'echafaud,* et tous les spectateurs applaudirent à cette réponse d'une ame aussi noble que sensible.

Les émigrés de marque, et grand nombre de proscrits non moins distingués, qu'il avait eu le bonheur de soustraire aux sanglants *autoda-fé* de la terreur, parlent plus haut que tout ce que la méchanceté a pu inventer pour peindre Talma sous les couleurs d'un sanguinaire jacobin. Lié par les nœuds de la reconnaissance à l'illustre exilé de Sainte-Hélène, il a dû compatir à de grands malheurs. On sait que l'amitié du jeune âge est la plus durable. Quelques écrivains *ultra* ont blâmé, il est vrai, une certaine ressemblance qu'avait sa coiffure avec celle de Napoléon, dans la tragédie de *Sylla*; mais avec plus de bonne foi, ils auraient vu que leur imagination prévenue s'exposait à calomnier l'intention de l'acteur, et établissait en réalité ce qui pouvait n'être qu'un jeu du hasard.

Nous nous sommes abstenus jusqu'à ce moment de porter un jugement sur le mérite de Talma; ayant lu et médité le morceau suivant de madame de Staël, nous avons cru y voir la pensée des contem-

porains rehaussée par l'assenti-
ment de la postérité :

« Talma, dit cette femme célè-
» bre, dans son ouvrage de *l'Alle-*
» *magne*, Talma peut être cité
» comme un modèle de hardiesse
» et de mesure, de naturel et de
» dignité ; il possède tous les se-
» crets des arts divers ; ses attitu-
» des rappellent les belles statues
» de l'antiquité ; l'expression de
» son regard, celle de son visage
» doivent être l'étude de tous les
» peintres. Il y a dans la voix de
» cet homme je ne sais quelle ma-
» gie qui, dès les premiers accens,
» réveille toute la sympathie du
» cœur. Le charme de la peinture,
» de la sculpture, de la poésie, et
» par-dessus tout du langage de

l'ame : voilà ses moyens pour
développer dans celui qui l'é-
coute toute la naissance des pas-
› sions généreuses ou terribles.
» Quelle connaissance du cœur
» humain il montre dans la ma-
» nière de concevoir les rôles ! il
» en est une seconde fois l'auteur
» par ses accens et sa physiono-
» mie.

Tous les éloges réunis semblent
former un faisceau dans l'éloge de
l'auteur de Corinne; et nous écar-
tant pour un moment de la route
que doit suivre le biographe, sans
parler de tous ces infortunés qui
trouvaient dans Talma un père
aussi sensible que secourable, fai-
sons un moment entendre la voix
de la patrie.

Tout le monde connaît les démarches qu'a faites Mgr l'archevêque de Paris auprès de l'acteur dont la France pleure la perte ; disons, avec quelque franchise, que Talma, comme père, a peut-être été tourmenté sur son lit de mort par le souvenir des marques d'indifférence, pour nous servir de l'expression la moins chatouilleuse, des marques d'indifférence que *l'esprit routinier* avait fait sentir à son fils dans une distribution de prix solennelle, qui fut de tous temps le domaine souverain de l'égalité. Sans doute qu'il craignait que l'on refusât à son corps l'entrée de l'église ; sans doute qu'il craignait que ce refus n'occasionnât du tumulte, ne troublât le re-

pos dont nous avons tant besoin.
C'est dans ses dernières volontés
que nous admirons le plus Talma ;
on y découvre toute la pensée d'un
cœur français.

L'étude assidue que le Roscius
moderne consacrait à la connaissance de ses rôles, la chaleur, le
poétique enthousiasme qu'il met-
tait à les réciter en présence d'un
public idolâtre, ont dû nécessaire-
ment user les ressorts d'une existence qui faisait journellement
d'aussi grands frais et d'aussi puis-
sans efforts; depuis plusieurs années Talma était attéint d'une indisposition, qui dans un homme
moins idolâtre de son art, moins
dévoué aux nobles délassemens de
ses concitoyens, l'aurait éloigné

des fatigans travaux de la scène mais il ne s'est retiré du théâtre d sa gloire que lorsque la nature, entièrement épuisée, l'a forcé à ne plus s'y présenter. Une maladie dangereuse avait, il y a peu de mois, fait craindre pour ses jours; vainement le grand tragédien a été chercher sous le ciel d'Enghien un air pur et une source salutaire. On a été bientôt obligé de le transporter à Paris pour le confier de nouveau à nos médecins les plus distingués. Leur art, leurs soins, leur zèle a été inutile, et la mort a moissonné une vie que les larmes et les regrets d'une famille désolée et de l'amitié la plus vive, n'ont pu contribuer à prolonger.

L'autopsie du cadavre a été faite

le lendemain de sa mort par M. Breschet, chef des travaux anatomiques de la faculté de médecine de Paris, et en présence des médecins qui avaient prodigué leurs soins à Talma durant sa douloureuse maladie.

On a reconnu que la mort avait été produite par un rétrécissement avec oblitération de l'intestin ; on a trouvé de plus une tumeur anévrismale à la pointe du cœur, qui n'avait, durant sa vie, donné aucun signe d'existence.

Les dispositions testamentaires de Talma ont été recueillies par MM. Davilliers, banquier, Bellanger, ancien notaire, et Nicod, avocat à la cour de cassation ; et mes   cis, Hawkins et son

neveu Amédée Talma ont reçu son dernier soupir. Après la mort de cet admirable tragédien, tous les journaux se sont empressés de publier la lettre suivante :

« Talma est mort à onze heures
» trente-cinq minutes du matin. Il
» a déclaré à plusieurs reprises en
» présence de plusieurs personnes,
» vouloir être conduit directement
» et sans cérémonie de sa maison
» au champ du repos.

» Je vous prie, Monsieur, de
» vouloir bien donner à cette attes-
» tation, conforme à la dernière
» volonté de mon oncle, toute la
» publicité possible. »

AMÉDÉE TALMA.

Le 21 octobre, à neuf heures du matin, le cortège s'est mis en marche de la rue de la Tour-des-Dames, et s'est dirigé par les boulevards vers le cimetière du père Lachaise. Quatre chevaux traînaient le char funèbre ; à droite et à gauche étaient rangés en deux files pressées des hommes portant des torches; ils étaient suivis d'une foule innombrable dans laquelle on a distingué tout ce que les arts et la littérature offrent de plus illustre.

Une couronne de laurier, nouée par un large ruban rouge, était placée sur le drap mortuaire.

Le cortège, incessamment grossi par les spectateurs, est arrivé à midi à la grande entrée du nouveau

Panthéon. Là le corps de Talma a été descendu du char, et une quantité de jeunes gens se sont présentés pour le porter jusqu'à sa dernière demeure. Les voitures de deuil et les équipages sont restés au grand carré, et le convoi, dans un religieux silence, s'est avancé vers la partie supérieure du cimetière où était ouverte la tombe. Dès le matin, cette fosse était entourée d'une foule si considérable que les porteurs du cercueil ont eu toute la peine imaginable pour y arriver.

.. Enfin le cercueil a été déposé sur les bords de la tombe qui devait pour toujours ensevelir ces restes précieux, objets des regrets publics. C'est alors que la Comé-

die française, par l'organe de La-
fon, a adressé ses derniers adieux
à celui qui a tant fait pour sa gloire.

DISCOURS

Prononcés aux Funérailles

DE TALMA.

DISCOURS DE M. LAFON.

« Messieurs,

« » A la vue de cette multitude immense réunie dans le champ du repos et du deuil, a cette douleur silencieuse et profonde qui se lit sur tous les visages, a ces innombrables regards tristement concentrés autour d'un cercueil et fixés sur la fosse ou il va bientôt s'engloutir, un étranger, que le hasard amènerait subitement parmi nous, demanderait quelle est la victime illustre que la mort vient de s'immoler, et nous

lui aurions tout appris en prononçan
un mot : *c'est Talma!*

» Ce nom, Messieurs, ce nom con
sacré pour jamais à l'admiration de
amis des arts, devrait terminer l'é
loge de notre immortel camarade.

» Que peuvent ajouter les discours
la gloire dont il est couvert? Mais i
est des devons pieux imposés à l'amitié,
à la reconnaissance, à la confraternité
l'hommage rendu à la cendre des morts
célèbres, est l'acquit d'une dette sacrée
un motif d'émulation pour ceux qui
leur survivent, un soulagement à leurs
douleurs. Qu'à tous ces titres il soit
permis à celui qui s'honore d'avoir été
l'ami, le collègue, et sous tant de
rapports le disciple respectueux de
Talma, d'élever sa faible voix pour
honorer sa mémoire, et de rappeler à
vos souvenirs quelques traits de ce ta
lent sublime, modele à la fois et désespoir de ceux qui se sont dévoués à la
même carrière.

» La France vit naître Talma. Les premières années de sa vie, écoulées à Londres dans le sein de sa famille, qui y était établie, ont accrédité l'erreur que l'Angleterre fut sa patrie. Non, Messieurs, la ville qui vit naître Lekain, donna aussi la naissance à Talma ; la cendre de Talma va reposer auprès de son berceau.

» Les amis de l'art dramatique n'ont rien a envier à l'Angleterre ; elle se glorifie de Garrick, et la France prononcera toujours avec orgueil les noms illustres de Lekain et de Talma.

» Comme Lekain, il fut aussi destiné pendant quelque temps a exercer la modeste profession de son père ; comme Lekain, un génie irrésistible l'arracha a l'atelier paternel. Il avait revu la France ; bien jeune encore, il avait assisté a la représentation de quelques-uns de ces chefs d'œuvre dont une éducation soignée lui permettait d'apprécier les beautés : sa vocation se décida ; sa place était marquée a Théâtre Français. Il revit son père, re passa en France, et après des étude : préparatoires, il obtint la faveur, plu difficilement accordée a cette époqu que de nos jours, de débuter a la Co médie Française.

» Il y parut pour la première fois il y a trente-neuf ans, par le rôle d Seide dans *Mahomet.*

» Si son essai fut heureux et donn' des espérances qui ne tardèrent pas a être surpassées, Ducis devina et prédi les destinées du jeune élève de Melpo mène. Si, comme on n'en peut douter, les encouragemens d'un poète célèbre furent un service immense, Macbeth, Othello, Hamlet, Pharan, sont la pour attester que ce service n'était pas tombé dans une terre ingrate.

» Ce que l'on avait remarqué d'abord dans Talma, c'était l'élégante régularité de la taille et des traits, un organe ferme et vigoureux, un œil ardent et

expressif, une grande mobilité de physionomie.

» Mais pour développer avantageu-
sement ces heureuses qualités, il lui
fallait une occasion marquante, un
rôle extraordinaire. Cette occasion se
presenta; ce rôle lui fut donné. C'est
en effet de la tragédie de *Charles IX*
que date cette réputation qui devait
s'accroître de jour en jour. On n'a pas
encore oublié la sensation terrible que
Talma produisit dans la scène des fu-
reurs et du désespoir de Charles. Dès-
lors se trouva vérifiée la prédiction de
Ducis : « Il y a bien de la fatalité sur
ce front là. »

» Par suite d'événemens qu'il est
inutile de rappeler, Talma passa sur
un autre théâtre.

» Maître absolu et chef du premier
emploi de la tragédie, Talma put en
liberté donner l'essor a son génie, et
perfectionner un talent encouragé par

la faveur publique, et varié sans cess
dans des rôles nouveaux.

» Ce fut alors aussi que, pour ajou
ter à l'illusion déjà produite par l'é
nergie de son débit et par le jeu de s
physionomie , il s'appliqua à porte
dans les costumes la vérité d'imitatior
qu'il avait introduite dans les autre‹
parties de son ait.

» Ni soins, ni recherches, ni dépen-
ses ne lui coûtèrent pour arriver en ce
genre au dernier degié d'exactitude.

» Lié de bonne heure avec les grands
artistes de la capitale, il demanda leurs
conseils , étudia leurs tableaux, fouilla
dans leurs porte-feuilles. On le vit,
assidu dans les bibliothèques, interroger les monumens des différens âges,
et reporter ensuite sur la scène le ré-
sultat de ses études laborieuses. Les
amateurs, les propriétaires de riches
collections, se faisaient un plaisir de
lui ouvrir leurs cabinets, de dérouler
a ses yeux les trésors qu'ils étaient

ıcrs de posséder exclusivement , et
s'applaudissaient ensuite de les voir
reproduits au théâtre dans une copie
animée, en quelque sorte , par une seconde création.

» Donner l'exemple de la fidélité des
costumes, c'etait en faire une loi générale. Tout fut réglé a la Comédie-
Française sur le modèle de Talma.

» C'est grâce à une innovation qui
est son ouvrage, que la scène est devenue une immense galerie où sont
étalées successivement, avec toute la
sévérité d'une imitation savante, les
habitudes extérieures des peuples et
des personnages de trente siècles.

» N'attendez pas, Messieurs, que je
passe en revue cette série innombrable
de rôles que Talma a marqués du ca-
chet ineffaçable de son génie particu-
lier.Que vous dirai je qui ne soit présent
a vos pensées, et qui n'excitât en
vous de bien brillans, mais aujourd'hui
de bien pénibles souvenirs !

3

» Il faudrait citer tous les ouvrages de Corneille , de Racine, de Crébillon , de Voltaire, de Ducis , de Chénier, de Legouvé, de tous leurs successeurs aujourd'hui vivans, et que j'aperçois en ce moment groupés autour de cette tombe fatale, mêlant leurs larmes avec les nôtres, et gémissant comme nous sur la perte de leur plus digne interprète. Et où trouverais - je des expressions pour vous rendre sensibles les nuances à la fois délicates et profondes par lesquelles il savait si bien distinguer le fatalisme d'Œdipe de celui d'Oreste, l'amour adultère de Néron de la passion incestueuse de Pharan, la faiblesse poussée au crime dans Macbeth d'avec le crime poussant la faiblesse de sa complice à l'assassinat d'un époux et d'un roi dans Agamemnon? Qui peut avoir oublié le ton noble , touchant et presque familier avec lequel il jouai Germanicus , et, par un contraste s remarquable, l'âpreté sévère et stoique de ses accens dans Régulus ?

» Mais dans la foule de tous ces rôles dont chacun est un titre de gloire pour Talma, puis-je passer sous silence ces trois grands rôles de Joad, de Sylla, de Charles VI, qui, dans des genres si opposés, ont montré tout ce que peuvent inspirer à un acteur tragique de grand, de terrible, de pathétique, la religion, l'exercice de la puissance suprême, et une infortune royale comblée par la perte du plus beau présent du ciel, la raison et l'intelligence ?

» Tels furent, vous le savez, Messieurs, les derniers trophées que Talma éleva à la renommée dans sa carrière théâtrale, et c'est sous ces trophées qu'il a été en quelque sorte s'ensevelir.

» Hélas ! cette carrière si longue, et qui aurait absorbé les forces ordinaires de tout autre acteur, combien elle a paru abrégée pour notre instruction et pour nos plaisirs ?

» Parvenu à un âge qui nous donn
le signal de la retraite, son talent
semblait rajeunir à mesure que les
années s'accumulaient sur sa tête ; et
ce qui s'appelle ordinairement la vieil-
lesse n'était encore pour lui que l'é-
poque d'une maturité vigoureuse.

» Disons le même avec l'accent de
cette vérité à laquelle le tombeau ouvre
un asile inviolable : ce talent s'était
agrandi en se rapprochant du terme où
il allait être moissonne. Des défauts
que lui-même se reprochait plus ri-
goureusement que la plus sévère criti-
que ne les lui aurait jamais reprochés,
avaient cédé à l'opiniâtreté du travail
et aux leçons de sa propre expérience.
Sa sensibilité s'était accrue de tout ce
qui a coutume de l'émousser et de l'é-
teindre. Sa déclamation, sans rien per-
dre de son énergie, avait gagné en va-
rieté, en inflexions tendres et tou-
chantes. L'art était d'autant plus admirable qu'il le cachait sous une noble

et naturelle simplicité ; il suffit de se le rappeler dans Germanicus, Leycester, Régulus ; et pour ne point taire ses succès dans la comédie, les rôles de Danvile, de Shakspeare viennent appuyer mes éloges.

» Ceux qui ont assez vécu pour avoir vu les premières et les dernières années de Talma me comprendront facilement. Deux acteurs ont existé dans ce grand tragédien, tous deux ont été étonnans; le second put seul être plus étonnant que le premier.

» Tu te tais, ombre chérie ! Je ne te parle point ici le langage d'une adulation forcée ; je répète sur ta cendre l'expression des hommages que tu te plaisais, vivant, a recueillir de la bouche de ton camarade, de ton admirateur, de ton ami.

» Vingt-six ans passés, j'ai partagé avec toi, je ne dirai point ta gloire, mais les épreuves journalières d'un travail que ce partage même rendait si périlleux : et toi, enfin, tu encourageas souvent mes essais, tu me soutins par ton amitié contre le danger d'une concurrence que nul ne redoutait autant que moi ; j'ai vu plus d'une fois ta généreuse indulgence soutenir ma faiblesse , me départir libéralement les occasions de te seconder, de te suivre, quoique de loin , dans ta carrière glorieuse. Ah ! laisse-moi déposer en ce moment sur ton cercueil quelques feuilles de ces lauriers dont tu as fait de si longues, de si riches, de si continuelles moissons !

» C'est la modeste offrande de la reconnaissance et d'une admiration sans bornes. Ombre vénérée et chérie, si tu es encore sensible aux choses d'ici-bas ; si , comme il nous est permis de l'espérer, comme je le crois et je l'espère, semblable à cet Achille dont je tentai plus d'une fois avec toi de ressusciter la grande ame , tu n'es pas descendu tout entier au tombeau, re-

çois cet adieu douloureux et solennel ;
il part d'une voix qui te fut connue.

» Adieu, Talma; repose en paix
dans ces demeures solitaires où l'on
croira voir planer ton génie. Adieu,
homme bon dans ta vie privée, homme
admirable dans ta vie d'artiste.

» N'entends-tu pas tressaillir à ton
arrivée les ombres de ces auteurs célèbres par leur propre gloire, plus célèbres encore par l'appui de la tienne?
Ces ombres s'empressent au-devant de
toi; ne les vois-tu pas détacher de
leurs fronts les branches des palmes
immortelles qui les couronnent pour
en décorer le tien ?

» Et nous, mes chers camarades, le
lieu de la sépulture de Talma sera pour
nous le sanctuaire auquel nous vien-
drons demander des oracles et implorer
des inspirations.

» Sa mémoire ne périra jamais dans
tous les pays du globe où est allumé
le feu sacré des arts. Ah! tant qu'il

existera un seul d'entre nous qui aura
eu l'honneur d'être associé à la gloire
dont il couvre la scène française, ce
sera un devoir, ce sera un besoin pour
lui de visiter ce lieu funèbre, et de ve
nir y puiser des émanations qui échauf-
fent, qui fassent naître les talens; d'y
porter un hommage sans cesse renais
sant à l'excellent homme qui fut notre
ami, et qui sera a jamais notre modèle.

» Adieu, Talma! »

DISCOURS DE M. JOUY.

« Messieurs,

» Qu'il est grand, qu'il est solennel,
le jour où les amis, les parens, les ad-
mirateurs d'un homme illustre viennent
rendre à la terre sa dépouille mortelle!
Talma! Ce mot, prononcé en présence
de son ombre, semble faire planer au-

dessus de nous tous les souvenirs de
gloire, de grandeur et d'héroisme dont
sa vie fut environnee.

» Elle est donc pour jamais éteinte
la voix sublime dont les derniers ac
cens retentissent encore à nos oreilles!
Le voilà couché sur la poussière des
tombeaux où va se mêler la sienne,
celui qui, pendant quarante ans, cha
que soir, excita parmi nous de si géné
reux transports; l'interprète inspiré des
plus beaux génies dont s'honore la
France; l'homme de bien, de talent et
d'esprit dont la perte met à la fois en
deuil l'amitié, la patrie et les arts.

» C'est en vain que nous détourne-
rions un moment nos regards de cette
tombe où vont disparaître les restes
d'un grand homme; où nos yeux s'ar
rêteront-ils dans cette enceinte, sans y
retrouver la trace récente de larmes que
nous y avons versées! Combien de mau-
solées autour de nous attestent les per-
tes irréparables que la France a faites

dans ces dernières années ! Comme elle s'effeuille cette couronne de lauriers dont elle avait paré sa tête au jour de nos triomphes ! Le préjugé social peut établir des distinctions injustes entre des hommes différemment célèbres, aussi long-temps qu'ils vivent ; mais à leur mort la patrie les confond dans sa reconnaissance : le guerrier qui versa son sang pour elle, le magistrat qui défendit ses lois, l'homme de lettres qui lui consacra ses veilles, l'artiste qui étendit sa gloire, ont droit aux mêmes honneurs contemporains, et sont recommandés au même titre à la postérité.

» Dans cet asile de la mort, vous n'attendez pas de moi, Messieurs, l'éloge du prodigieux talent dont la nature et l'art avaient doué de concert Joseph-François Talma ; je craindrais, dans un pareil moment, de reporter votre pensée vers les heures de plaisir et de fêtes dont il sut embellir notre vie. C'est

pour lui qu'il réclame aujourd'hui les
regrets et les pleurs qu'il a si souvent
arrachés pour de nobles infortunes. Il
élève la voix du sein de la tombe, et sa
prière est arrivée jusqu'à nous.

« J'ai honoré, nous dit-il, une pro
» fession où, pour exceller, il faut réu
» nir toutes les qualités du corps, de
» l'esprit et du cœur; j'ai cultivé, avec
» des succès inconnus jusqu'à moi, ce-
» lui de tous les arts qui jette le plus
» d'agrémens dans la société, le seul
» où l'on ait résolu le grand problème
» de l'éducation : corriger, amuser et
» instruire. On a dit de moi ce qu'on
» avait dit de Tacite : « Il a puni le
» vice quand il l'a représenté. » Peut-
» être, ajoutera-t-on, il a récompensé
» la vertu quand il l'a reproduite sur la
» scène. Ce n'est point sans fruit pour
» moi-même que j'ai gravé si profon
» dément dans le cœur et dans l'esprit
» de mes contemporains ces maximes
» de la raison et de la philosophie sur

» lesquelles se fondent la véritable
» grandeur des rois, la stabilité des
» états et le bonheur des peuples. J'a-
» vais dans le cœur la liberté, la justice
» et la tolérance que j'ai proclamées au
» théâtre sous l'inspiration des hommes
» de génie qui m'ont avoué pour leur
» interprète. J'aimais la gloire ; elle
» était la recompense de mes longs et
» pénibles travaux ; mais c'est à la bien-
» faisance, à la faculté de compâtir à
» toutes les infortunes, au besoin de
» les soulager autant qu'il était en mon
» pouvoir, que j'ai dû les plus douces
» jouissances de ma vie; et les béné
» dictions des pauvres qui m'accompa
» gnent au cercueil me flattent plus que
» le souvenir des acclamations qui
» m'ont suivi dans la carrière brillante
» que je viens d'achever. La postérité
» oubliera peut être que je fus un grand
» acteur ; mon ombre sera consolée si
» la géneration à venir se souvient que
» je fus un honnête homme et un bon
» citoyen. »

» La postérité sera plus juste ; elle dira que Talma fut le premier de son siècle et de tous les siècles écoulés jusqu'à lui, dans la peinture des sentimens tendres, violens et profonds ; qu'il fut digne, par la grandeur et l'austérité de son génie, d'être comparé a David. Mais c'est surtout la fierté simple et naive de son caractère que je dois rappeler à ses amis en pleurs ; c'est ce dévoûment aux idees les plus généreuses, aux sentiments les plus élevés, dont le type était dans son ame, qui constituaient en lui cette beauté idéale qui le fit admiter au monde.

» Il devina plus d'un grand talent, il encouragea plus d'un homme de mérite timide, et sa bienfaisance, la première des vertus chrétiennes, est celle qui parle le plus haut pour lui dans cette enceinte, où la religion d'un Dieu de paix et de bonté ouvre le ciel aux ames charitables.

» Non, Talma, ton nom ne périra

pas. Il est associé à notre époque, il
en porte le caractère et l'empreinte ;
mais nous, tes amis, moi qui dois tant
au prestige de ton art ; nous tous , qui
sommes en ce moment plus sensibles
à ta perte qu'à ta gloire, nous laissons
à des voix plus éloquentes , à des
cœurs plus froids , le soin d'analyser
ton admirable talent : nous n'avons
que des pleurs à t'offrir pour hommage;
laissons-les couler en silence après t'a
voir adressé un éternel adieu.

» Adieu , Talma ; nos regrets s'é
teindront avec notre vie, mais le temps
n'effacera pas ton souvenir de la mémoire des hommes. »

Avant de rendre à la terre les restes
de Talma, des jeunes gens ont voulu
aussi mêler leurs voix aux voix amies
qu'on venait d'entendre ; des improvi-
sations, des vers latins et français , ont
été adressés au sublime interprète de
Corneille ; et, au moment de le quitter
pour toujours, ceux qui entouraient ses

dépouilles mortelles ont déposé chacun
sur sa tombe une branche de laurier.
C'est dans ce moment surtout que la
douleur des assistans est devenue générale; M. Davillier n'a pu y résister,
et s'est treuvé mal; M. Amédée Talma
est tombé sans connaissance aux bords
de la fosse de son oncle, dont il ne
voulait pas s'éloigner. Jamais, durant
sa vie, Talma n'avait causé de si profondes émotions, ni fait répandre tant
de larmes.

Malgré le prodigieux concours de
citoyens de toutes les conditions, qui
ont assisté aux funérailles de Talma,
et en l'absence de toute espèce de force
armée, l'ordre le plus parfait a cons-
tamment régné dans cette imposante
et douloureuse cérémonie. Que de
princes seraient jaloux d'hommages
aussi purs, d'honneurs aussi desinté-
ressés!

Les cendres de Talma sont déposées
sur les hauteurs du cimetière, non

loin de Molière et de La Fontaine, et
près du général Foy, qui fut l'ami de
sa personne et l'admirateur de son talent

« Après ces discours, avant que
la terre couvrît pour jamais les
dépouilles mortelles de l'éloquent
interprète de la Melpomène française, plusieurs jeunes amans des
Muses sont venus effeuiller sur sa
tombe les fleurs que leur zèle avait
préparées ; mais que de douleurs,
que de larmes lorsqu'il a fallu pro-
noncer le *dernier adieu !* Jamais,
non, non, jamais, toute la puissance de son génie n'en a fait ver-
ser d'aussi abondantes. Respecta-
ble M. Davillier, vous qui connais-
siez toutes les qualités aimantes de

cet homme vertueux, vous vous êtes dit sans doute avec le public : Il ne reste plus rien de tant de bonté et de tant de gloire ; adieu... Mais en prononçant ce mot terrible, vous êtes tombé à côté de l'intéressant neveu du défunt.

Amis des arts, lorsque dans un mélancolique pélerinage, vous irez visiter le Panthéon de la nouvelle Athènes, entre les tombes de Molière et de La Fontaine, près de ce guerrier qui fut pour notre tribune ce que fut pour la première scène du monde un homme qui ne sera jamais égalé, penché sur le marbre funéraire, vous direz avec moi : Ici reposent Talens et Vertus

NAPOLÉON
ET TALMA
AUX
CHAMPS ÉLYSÉES.

———

Assis au pied d'un laurier touffu,
entre Alexandre et César, Napoléon en philosophe et en souverain
conversait en présence de Xéno-
phon sur la destinée des empires;
Miltiade et Turenne, Léonidas et
Bayard l'écoutaient dans le silence
de l'admiration, et Louis XIV ap-
plaudissait avec orgueil, au développement de ses systèmes, en

considérant que l'exilé de Sainte-
Hélène avait les mêmes idées
que lui sur l'art de gouverner les
peuples. Tout-à-coup une voix
éloignée frappe les échos souter-
rains, et l'on entend murmurer
par les ombres contemporaines :
Encore un Français illustre qui
descend parmi nous; Talma vient
de quitter la terre. Ces mots étaient
à peine prononcés, que l'on aper-
çoit le Roscius moderne qui s'a-
vance vers l'auguste sénat, pré-
senté par le Roscius de l'antiquité;
Le Kain l'accompagne, et Voltaire
empressé vole à la rencontre de
celui qui aida à propager sa gloire.
Corneille, Racine, Crébillon, La-
fosse et le bon Ducis accourent
ensemble, les premiers pour

connaître celui dont ils avaient entendu parler avec tant d'éloges,
. et le dernier pour embrasser un
ami idolâtré par son cœur.

En peu d'instans la foule se
groupe avide autour de l'arrivant.
Depuis l'apparition de l'ombre im-
mortelle de Foy, il n'y avait pas
eu un mouvement aussi considérable parmi les ombres. Les questions, les réponses se pressent, se
heurtent, se confondent; enfin le
calme se rétablit, on fait un cercle
autour de l'acteur célèbre, et l'on
convient que pour satifsfaire à la
curiosité générale, on laissera à
Napoléon le soin de lui adresser
les questions qu'il jugera les plus
capables de répondre aux désirs
curieux de l'impatiente assemblée.

Les ombres conservent dans leur langage quelque chose de la solennité des tombeaux; dans le dialogue que nous allons établir entre ces deux grands personnages modernes, nous aurons soin, autant qu'il nous sera possible, de garder cette teinte pittoresque et historique qui appartient à un entretien aussi grave qu'important.

NAPOLÉON.

Il y a peu de mois que l'ombre d'un avocat-général, plus célèbre par sa terrible sévérité que par ses talens oratoires, est venue habiter parmi nous; nous nous sommes abstenus de l'interroger. Nous conservons ici-bas le caractère que nous avons montré sur la terre, et

dans le pays de l'égalité, la voix
du courtisan ne saurait trouver des
auditeurs crédules. Toi, que nous
avons entendu dans la belle patrie,
au milieu des adulations dont on
infectait notre vanité humaine; toi,
que nous avons entendu parler le
langage de la franchise et de la
vérité, lorsque nous t'admettions
à partager les secrets d'une con-
solante intimité, nous sommes sûrs
d'obtenir de ton cœur et de ta bouche un récit fidèle sur les événemens qui occupent en ce moment
la nation la plus héroïque de l'uni-
vers.

TALMA.

Étranger à toute ambition, oc-
cupé uniquement à contribuer à

l'éclat de ma profession, j'ai vécu
en citoyen, en ami, en artiste et
en Français ; j'ai vu, je dois le dire,
avec la franchise qui m'a toujours
distingué, j'ai vu avec peine se dé-
colorer le rideau de gloire que nos
armées avait jeté sur ma patrie, et
le seul éclat de la bonté qui brille
sur le trône a seul tempéré l'amer-
tume de ma douleur. Et quel véritable ami de son pays n'a pas
éprouvé le même sentiment, en
voyant un ministère inhabile, in-
considéré, perdu dans l'opinion publique, démoraliser la conscience
nationale, pervertir la religion des
contemporains , et se recruter
d'hommes médiocres! Tout ce que
nous avions d'antique, de géné-
reux dans nos mœurs chevaleres-

ques, est tombé sous le ciseau ministériel, l'hypocrisie a remplacé la bonne-foi ; et malgré le cri de la loi, le jésuitisme corrupteur a couvert de son noir manteau le beau spectacle dont les arts, malgré les persécutions les plus arbitraires, embellissaient la France. La presse, cette illustre indépendante, a reçu, il est vrai, une espèce de liberté ; mais malheur à celui qui l'introduit dans sa demeure, il paye le plus innocent de ses sourires sous les verroux de Sainte-Pélagie. Des talens qui rappellent les beaux jours des Mirabeau, des Casalès, des Maury, brillent, il est vrai, à la tribune, mais j'entends encore le bruit servile de cette cabale qui étouffe de ses cris discordans le noble chant de vérité qu'ils font entendre. Vous aurez de la peine à le croire, les véritables amis du monarque sont éloignés du trône, et les véritables défenseurs du bien public sont présentés par des journaux stipendiés, sous le jour le plus perfide. Aussi la France est-elle plongée dans un état de marasme et de langueur, qui, prolongé, sera bientôt un état de destruction. Le commerce est anéanti, et cependant quelques voix mercenaires parlent de sa prospérité, et de vils courtisans propagent cette imposture dans le palais des rois.

Jamais peut-être époque plus favorable pour placer la France au-dessus de toutes les nations riva-

les ; mais un ministère inhabile ou
mal intentionné la tient dans une
position secondaire ; il craint sans
doute de n'avoir pas la main assez
forte pour la diriger quand il aura
donné à ses rênes la longueur qui
leur convient. Un chant belliqueux
s'est fait entendre sur le sol qu'ont
illustré Homère et Périclès ; les
plus odieuses persécutions ont em-
pêché les échos de la France d'y
répondre. Nos chantiers, nos ar-
senaux sont aux gages des enne-
mis de la Croix et fermés pour les
besoins renaissans de la Grèce op-
primée.

Un mot du ministère suffisait
pour précipiter une belle portion
de notre jeunesse guerrière dans
les champs de la victoire, et je

voyais le drapeau de saint Louis flotter avec orgueil sur la cîme des minarets conquis. Le jésuitisme a interposé toute l'étendue, toute la puissance de son infernal machiavélisme, entre notre jeunesse et cet océan de gloire.

Dans ce moment, Miltiade et Léonidas essuient une larme.

NAPOLÉON (*avec douleur*).

O France! ô ma patrie....! Et cette exclamation, répétée par mille voix françaises, se prolonge d'une manière lugubre sous les berceaux des champs Élyséens.

****

La Mort de Talma.

COUPLETS IMPROVISÉS SUR SA TOMBE.

Air *De l'Hirondelle et l'Exile*

L'Automne en vain retardant sa puissance,
Nous laisse encor savourer de beaux jours.
Des vents du nord la maligne influence,
   Dans nos climats en vain suspend son cours,
   Plus de gaîte, plus de chansons legeres,
   De tous les cœurs les plaisirs sont exclus,
   Je vois partout des voiles funeraires,
      Talma n'est plus!   (4 *fois.*)

Il n'a jamais d'une voix insolente
A cent combats traîne cent bataillons,
Jamais sa main de carnage brûlante,
De flots de sang n'a rougi les sillons;
Jamais du poids de ses sanglantes armes
Il n'accabla mille peuples vaincus,
Et l'on ne dit qu'en répandant des larmes
      Talma n'est plus!

Qu'a-t il donc fait ce mortel que l'on pleure
Pour meriter ce tribut de douleurs ?
Et pourquoi donc, pourquoi sa derniere heure
Teint elle en noir le rose de nos fleurs ?
Vous le savez, ô vierges du Permesse,
Il vous devait ses talens, ses vertus,
Puisqu'Apollon s'ecrie avec tristesse
    Talma n'est plus !

J'ai vu languir au jour de la tempete,
Lauriers', bonheur, sciences et beaux arts,
Nos monumens dépouilles de leur faîte
Courbaient leur front devant les leopards:
Un homme seul, de nos gloires antiques,
Soutint alors les piliers vermoulus ;
Dieu, gardez nous des crises politiques,
    Talma n'est plus !

Vous qu'il parait d'une grâce divine
Vous dont il fut l'esperance et l'orgueil,
Pleurez, pleurez, ô Corneille, ô Racine,
Votre soutien habite le cercueil ;
Fut il jamais regrets plus légitimes ?
Que de tresors n'avons-nous pas perdus ?
Qui nous rendra vos chefs-d'œuvres sublimes?
    Talma n'est plus !

Quoi ! cette voix et terrible et sonore
De nos foyers disparue a jamais.

Sourde a nos vœux qui l'appellent encore
Ne charme plus l'oreille des Français.
De ses douleurs la scene dévorée
Ferme son sein à ses nombreux elus,
Et tout redit a la France éplorée
      Talma n'est plus !

Vous qui jadis l'entouriez sur la scene,
Trop faible espoir de ma patrie en pleurs,
Écoutant mieux la voix de Melpomène
A votre tour meritez quelques fleurs.
Qu'en votre cœur un feu divin s'allume,
Et qu'oubliant des regrets superflus,
Nous puissions dire un jour sans amertune
    Talma n'est plus !

P. ÉMILE DEBRAUX

IMPRIMERIE DE H. BALZAC, RUE DES MARAIS S.-G., N. 17.

www.ingramcontent.com/pod-product-compliance
Lightning Source LLC
Chambersburg PA
CBHW070946280326
41934CB00009B/2019